新 HSK（五级）
高分实战试卷
8

刘 云 主编

图书在版编目(CIP)数据

新 HSK(五级)高分实战试卷. 8 / 刘云主编. —北京:北京大学出版社,2012.10
(北大版新 HSK 应试辅导丛书)
ISBN 978-7-301-21232-5

Ⅰ. 新… Ⅱ. 刘… Ⅲ. 汉语－对外汉语教学－水平考试－习题集 Ⅳ. H195-44

中国版本图书馆 CIP 数据核字(2012)第 215482 号

书　　　名：新 HSK(五级)高分实战试卷 8
著作责任者：刘　云　主编
责　任　编　辑：沈萌萌
标　准　书　号：ISBN 978-7-301-21232-5/H · 3136
出　版　发　行：北京大学出版社
地　　　址：北京市海淀区成府路 205 号　100871
网　　　址：http://www.pup.cn
电　子　邮　箱：zpup@pup.pku.edu.cn
电　　　话：邮购部 62752015　发行部 62750672　编辑部 62752028
　　　　　　出版部 62754962
印　刷　者：三河市博文印刷厂
经　销　者：新华书店
　　　　　　787 毫米×1092 毫米　16 开本　3.25 印张　65 千字
　　　　　　2012 年 10 月第 1 版　2012 年 10 月第 1 次印刷
定　　　价：12.00 元

未经许可,不得以任何方式复制或抄袭本书之部分或全部内容。
版权所有,侵权必究　举报电话: 010 - 62752024
　　　　　　　　　　电子邮箱: fd@pup.pku.edu.cn

目 录

一、听　力 …………………………………………………… 1

二、阅　读 …………………………………………………… 5

三、书　写 …………………………………………………… 16

答案 ………………………………………………………… 18

听力材料及听力部分题解 ………………………………… 20

阅读部分题解 ……………………………………………… 33

新 HSK（五级）

注　意

一、HSK（五级）分三部分：

　　1. 听力（45题，约30分钟）

　　2. 阅读（45题，40分钟）

　　3. 书写（10题，40分钟）

二、**答案先写在试卷上，最后 10 分钟再写在答题卡上。**

三、全部考试约125分钟（含考生填写个人信息时间5分钟）。

中国　北京　　　　　　　　　××××/×××××××　编制

一、听 力

(听力内容请登录http://www.pup.cn/dl/newsmore.cfm?sSnom＝d203下载)

第一部分

第1—20题：请选出正确答案。

1. A 回家换衣服　　　　　　B 去超市买东西
   C 去医院看病人　　　　　D 去饭店吃晚饭

2. A 地毯很便宜　　　　　　B 想装修房子
   C 明年要搬家　　　　　　D 现在不想买

3. A 在上大学　　　　　　　B 已经结婚
   C 是位教师　　　　　　　D 要考研究生

4. A 减肥　　　　　　　　　B 多吃水果
   C 珍惜时间　　　　　　　D 学做油炸食品

5. A 皮鞋　　　　　　　　　B 鞋油
   C 袜子　　　　　　　　　D 玩具

6. A 学校　　　　　　　　　B 饭店
   C 商场　　　　　　　　　D 朋友家

7. A 今晚要加班　　　　　　B 工作做完了
   C 马上要开会　　　　　　D 现在不着急

8. A 没来上班　　　　　　　B 正在开会
   C 工作勤奋　　　　　　　D 在外地出差

9. A 上网　　　　　　　　　B 应聘
   C 打电话　　　　　　　　D 填写简历

10. A 半小时　　　　　　　　B 一个半小时
    C 两个小时　　　　　　　D 三个小时

11. A 他们是母子　　　　　　B 大象生病了
    C 女的想吃饭　　　　　　D 他们在动物园

12. A 钱包　　　　　　　　　　B 名片
　　C 信用卡　　　　　　　　　D 身份证

13. A 想种小麦　　　　　　　　B 家在北方
　　C 喜欢吃玉米　　　　　　　D 不喜欢冬天

14. A 想去旅游　　　　　　　　B 不去西安
　　C 想去看朋友　　　　　　　D 喜欢人多的地方

15. A 医生与病人　　　　　　　B 经理与秘书
　　C 律师与法官　　　　　　　D 顾客与服务员

16. A 女的会开车　　　　　　　B 男的要去医院
　　C 女的买了新车　　　　　　D 女的开车技术很好

17. A 别再吸烟　　　　　　　　B 努力工作
　　C 多关心孩子　　　　　　　D 多锻炼身体

18. A 冷静　　　　　　　　　　B 着急
　　C 高兴　　　　　　　　　　D 复杂

19. A 窗子坏了　　　　　　　　B 男的要出差
　　C 钥匙不见了　　　　　　　D 卧室在装修

20. A 物理　　　　　　　　　　B 商业
　　C 军事　　　　　　　　　　D 运动

第二部分

第21—45题：请选出正确答案。

21. A 坐飞机　　　　　　　　B 乘地铁
    C 骑摩托车　　　　　　　D 坐出租车

22. A 打电话回家　　　　　　B 请女的吃饭
    C 陪女的买东西　　　　　D 帮女的收拾房间

23. A 正在开会　　　　　　　B 想要找人
    C 正在上班　　　　　　　D 需要休息

24. A 男的要去北京　　　　　B 张静人在上海
    C 奶奶要去医院　　　　　D 女的没戴眼镜

25. A 想家了　　　　　　　　B 工作压力大
    C 时间还早　　　　　　　D 心情激动

26. A 感冒了　　　　　　　　B 还不饿
    C 爱喝饮料　　　　　　　D 嗓子不舒服

27. A 经理出差了　　　　　　B 开会时间改了
    C 应该安心工作　　　　　D 晚上不用加班

28. A 忘记了　　　　　　　　B 在北京
    C 需要上课　　　　　　　D 妻子生病了

29. A 买东西　　　　　　　　B 参观苏州
    C 回家看儿子　　　　　　D 去看父母

30. A 13956286722　　　　　 B 13956287622
    C 13976225628　　　　　 D 13956762822

31. A 吃饭　　　　　　　　　B 加班
    C 接儿子　　　　　　　　D 打电话

32. A 收衣服　　　　　　　　B 接她下班
    C 早点休息　　　　　　　D 陪儿子写作业

33. A 买菜 B 找鸡
    C 拿酒 D 思考问题

34. A 生病了 B 工作太忙
    C 朋友没来 D 想到别的事

35. A 朋友 B 数学家
    C 家里的猫 D 数学家妻子

36. A 记忆很好 B 喜欢吃鸡
    C 热爱工作 D 朋友很多

37. A 没有脚 B 要寻找食物
    C 想要找到大海 D 没有休息的地方

38. A 死去 B 吃饭
    C 睡觉 D 下雨

39. A 鸟的种类 B 健康的重要
    C 走路的方式 D 如何实现理想

40. A 抢钱 B 练习枪法
    C 请王刚帮忙 D 接王刚回家

41. A 2 B 4
    C 6 D 8

42. A 害羞 B 糊涂
    C 胆小 D 聪明

43. A 没有人见过他 B 创业非常成功
    C 做事不留后路 D 为人很有诚信

44. A 怕妈妈批评 B 门口有很多人
    C 怕黑猫伤害它 D 门口有食物和水

45. A 考虑要周全 B 做事不能犹豫
    C 环境非常重要 D 要注意身体健康

— 4 —

二、阅 读

第一部分

第46—60题：请选出正确答案。

46—48.

为了读书,毛泽东把一切可以__46__的时间都用上了。在游泳下水之前活动身体的几分钟里,有时还要看上几句名人的诗词。游泳上来后,__47__顾不上休息,就又拿起了书本。连上厕所的几分钟时间,他也从不白白地浪费掉。一部重刻宋代《昭明文选》和其他一些书,就是__48__利用这些时间,今天看一点儿,明天看一点儿,断断续续看完的。

46. A 占有　　B 发挥　　C 促使　　D 利用

47. A 本来　　B 到底　　C 根本　　D 毕竟

48. A 充分　　B 特意　　C 同时　　D 发展

49—52.

夏日离不开饮料,首选的并不是各种冷饮制品,也不是啤酒或咖啡,__49__是极普通的热茶。茶叶中富含钾元素(每100克茶水中钾的__50__含量分别为绿茶10.7毫克,红茶24.1毫克),对人体有很大的好处,而且既解渴又解乏。一项研究指出,喝绿茶还可以减少1/3因日晒而__51__的皮肤晒伤以及老化问题。根据专家的试验表明,热茶的降温能力__52__,是消暑饮品中的首选。

49. A 从而　　B 因而　　C 反而　　D 而且

50. A 平常　　B 平均　　C 平衡　　D 平等

51. A 保持　　B 控制　　C 面临　　D 导致

52. A 其实很差　　　　　　B 比不上其他饮料
　　C 大大超过冷饮制品　　D 超出人体承受范围

53—56.

我们在日常的人际交往过程中,要有信心,不要被沟通可能会失败的心理所困扰。只有__53__,才能增加与他人进行社会比较的机会,从而发现自己的长处,并由此___54___正确的自我认识与评价,增强自己的信心。当然,自信不是表演出来的自信,自信首先是___55___在自我认知之上的,___56___自我认知,就是对自己有一个明确的、实事求是的看法和评价,包括自己的性格、能力、长处、短处、人生目标等等。

53. A 拥有真正的朋友　　　　B 经常出去散步
    C 通过多与人沟通　　　　D 真诚对待每个人

54. A 形成　　　B 包括　　　C 充满　　　D 实现

55. A 把握　　　B 控制　　　C 建立　　　D 设计

56. A 相对　　　B 相似　　　C 神秘　　　D 所谓

57—60.

无论是过年过节,还是结婚嫁娶,进学升职,以至大楼落成、商店开张等等,只要为了表示喜庆,人们都习惯放鞭炮来___57___。春节放鞭炮,作为中国人欢度春节的习俗,历史悠久。这种活动,虽然可以给节日增加不少欢乐的气氛,但放鞭炮释放的烟尘以及火星,很容易___58___环境污染,引起火灾,一些烈性鞭炮每年都会导致人员死伤。随着___59___,春节放鞭炮这种习俗带来的不便之处,已引起各界的重视。因此中国许多城市都___60___了烟花爆竹的燃放规定,到现在仍未解除。

57. A 庆祝　　　B 确认　　　C 称赞　　　D 欣赏

58. A 实现　　　B 发展　　　C 造成　　　D 达到

59. A 消费水平的提高　　　　B 国家人口的增多
    C 经济条件的改变　　　　D 社会文明的进步

60. A 制定　　　B 采取　　　C 允许　　　D 赞成

第 二 部 分

第61—70题：请选出与试题内容一致的一项。

61. 京杭大运河，是世界上里程最长、工程最大、最古老的运河之一。大运河北起北京，南到杭州，途经六省市，沟通了五大水系，全长约1794千米。现在京杭运河的通航里程为1442千米，其中全年通航里程为877千米，主要分布在黄河以南的山东、江苏和浙江三省，是中国仅次于长江的第二条"黄金水道"。

   A 京杭大运河通航里程为1794千米
   B 京杭大运河是世界上最古老的运河
   C 长江和京杭大运河是中国的两条黄金水道
   D 京杭大运河主要分布在山东、江苏、浙江三省

62. 豆汁是用制造绿豆淀粉或粉丝的下脚料做成的北京的风味小吃。豆汁历史悠久，据说早在宋朝时就是民间大众化食品。豆汁一般味酸，略苦，有轻微的酸臭味，老北京人对它有特殊的偏爱。过去卖豆汁的分售生和售熟两种。售生者多以手推木桶车，同麻豆腐一起卖；售熟者多以肩挑一头是豆汁锅，另一头摆着焦圈、辣咸菜。

   A 豆汁是用上等绿豆做的小吃
   B 有的人特别喜欢豆汁的酸臭味
   C 豆汁在宋朝是民间大众化食品
   D 卖豆汁的人也卖麻豆腐、焦圈和辣咸菜

63. 所谓"月饼税"，只是一种民间说法。从本质上说，它属于工资所得税。据《个人所得税法》规定，个人因任职或者受雇佣而取得的工资、奖金、劳动分红、补贴等等都是工资所得。个人所得的形式，包括现金、实物、有价证券等。照此规定，中秋节单位发的月饼属于实物福利，都应计入工资收税。

   A 月饼税是工资所得税的民间说法
   B 月饼税是《个人所得税法》规定的
   C 中秋节单位发放的月饼属于个人所得
   D 工资所得就是工资、奖金、劳动分红和补贴

64. "秦淮灯彩甲天下",秦淮灯会的历史最早始于魏晋南北朝时期,唐朝得到迅速发展,明朝达到了鼎盛。明朝皇帝朱元璋将每年元宵节张灯时间延长至十夜,使秦淮灯会成为了我国历史上时间最长的灯节。1986年,南京恢复举办了一年一届的"秦淮灯会"。

  A 秦淮灯会始于魏晋南北朝,结束于明朝
  B 明朝皇帝朱元璋对秦淮灯会进行了改革
  C 秦淮灯会是中国历史上时间最长的灯节
  D 1986年,南京开始举办新的"秦淮灯会"

65. 十大才子书的首创者是清朝初年文学大家、被胡适称为中国文学批评史上第一人的金圣叹。"十大才子书"将小说、戏曲,乃至弹词、歌本等民间文化提升到与唐诗宋词乃至经史子集等士大夫文化相提并论的地位,大大地提升了民间文化的价值,并且意味着一种文学流派的形成。

  A 十大才子书是小说和戏曲
  B 十大才子书是一种新的文学流派
  C 十大才子书是清朝文学家金圣叹提出的
  D 金圣叹认为民间文化比唐诗宋词有价值

66. 1946年7月22日世界卫生大会通过了《世界卫生组织组织法》。为了纪念该法批准日,第一届世界卫生大会决定,每年10月13日为"世界保健日",第二届世界卫生大会决定自1950年起正式确定每年10月13日为"世界保健日"。"世界保健日"期间,包括中国在内的世界卫生组织各会员国,都举行纪念活动,推广和普及有关健康知识,以提高人民健康水平。

  A "世界保健日"是1946年确定的
  B 确定"世界保健日"的目的是提高人民的健康水平
  C "世界保健日"是通过《世界卫生组织组织法》确定的
  D 世界卫生组织会员国会在"世界保健日"举行纪念活动

67. 海草房可以说是世界上最具有代表性的生态民居之一,以石为墙,海草为顶,仿佛是童话世界中的房子。海草房具有冬暖夏凉、不漏不潮的特点,主要分布在我国胶东半岛的威海、烟台、青岛等沿海地带,特别是荣成地区更为集中。在荣成港西镇巍巍村尚保存二十多幢有两百多年历史的海草房。

    A 海草房有两百多年的历史
    B 海草房主要分布在沿海地带
    C 海草房是一种有代表性的生态民居
    D 海草房具有夏暖冬凉的特点

68. 中医药的五行学说认为苦入心,只要你含入一小片穿心莲叶子,马上可以感受到入心的苦,穿心莲因此得名。穿心莲具有清热解毒、消肿止痛的作用。可用于治疗流行性感冒、外伤感染及各种炎症。穿心莲主产于广东、福建等省,适宜生长在温暖、湿润、阳光充足的环境中。

    A 穿心莲的名字和味道有关
    B 穿心莲只产于中国的广东、福建
    C 穿心莲具有清热解毒、健胃消食的作用
    D 穿心莲是一种喜阴的植物

69. 《交换空间》是经济频道的一档服务类节目。在每一期节目中,都将会有两个家庭提供自己房屋中的某一房间,在装修团队的帮助下,互换空间进行装修。装修时间为48小时,节目提供10000元装修基金,8000元家电基金。如何在规定时间及有限预算内完成装修任务是节目最大的看点。

    A 《交换空间》是生活频道的一档服务类节目
    B 两个家庭会提供需要装修的房间和装修基金
    C 装修时间是有限的,但是预算是可以调整的
    D 两个家庭在装修团队的帮助下装修对方的房间

70. 与模拟电视相比,数字电视具有图像质量高、节目容量大和伴音效果好的特点。数字电视系统还可以传送多种业务,如高清晰度电视、互动电视、数据业务等等。中国大陆于近年来大力推行由模拟信号向数字信号的转换,并计划于2015年前关闭模拟信号。

A 使用数字电视系统需要换数字电视机
B 数字电视和模拟电视都可以传送多种业务
C 数字电视的图像和伴音效果都比模拟电视好
D 2015年前一定会关闭模拟电视信号

第三部分

第71—90题：请选出正确答案。

71—75.

一个图书馆老馆年久失修，就又建了一个新馆。新馆建成后，要把老馆的书搬到新馆去。这本来是搬家公司的活儿，没什么好策划的。问题是按预算搬家需要350万，图书馆拿不出这么多钱。眼看雨季就要到了，不马上搬家，这损失就大了。怎么办？

正当馆长苦恼的时候，一个馆员问馆长苦恼什么？馆长把情况给这个馆员介绍了一下。几天之后，馆员找到馆长，告诉馆长他有一个解决方案，只需要150万元。馆长十分高兴，因为图书馆有能力支付这些钱。

"快说出来。"馆长很着急。馆员说："好主意也是商品，我有一个条件。"

"什么条件？"馆长更着急了。"如果把150万全花完了，那权当我给图书馆作贡献了；如果有剩余，图书馆把剩余的钱给我。""那有什么问题？150万以内剩余的钱都给你。"馆长很坚定地说。

"那咱们签订个合同？"馆员意识到发财的机会来了。

合同签订了，不久实施了馆员的新搬家方案。花150万？连零头都没用完，就把图书馆给搬了。原来，图书馆在报纸上发出了一条惊人的消息：从即日起，本图书馆免费、无限量向市民借阅图书，条件是从老馆借出，还到新馆去……

71. 建新图书馆是因为老馆：
   A 非常破旧　　　　　　　B 面积太小
   C 想重新装修　　　　　　D 离市区太远

72. 馆长为什么事情苦恼？
   A 找不到搬家公司　　　　B 建新馆花钱太多
   C 搬家费用超出预算　　　D 馆内的书需要清理

73. 馆员大概用了多少钱？
   A 不到50万　　　　　　　B 100万
   C 150万　　　　　　　　　D 350万

74. 谁把书搬到新馆去的？
   A 馆员　　　　　　　　　　B 借书人
   C 搬家工人　　　　　　　　D 新招聘员工

75. 根据这篇文章，可以知道这个馆员：
   A 非常聪明　　　　　　　　B 有些天真
   C 诚实守信　　　　　　　　D 工作努力

76—80.
　　记得有一次去我家附近的菜市场买菜，市场中有个卖菜的中年人看见走到他面前的人就微笑，笑得让人觉得不买他的菜就欠了他的人情似的。于是我在他那儿买了几个西红柿。"四块。"他说。我交给他一张百元纸币。"找不开啊，小兄弟，这样吧，您先拿去，明天再给我钱，好吗？"我想了一下，说："还是不买吧，我明天早晨要回老家一次，要四五天呢。"他笑了笑："没事没事，只要你记得，一星期也可以。"于是，我坦然地把那几个西红柿拿回了家。当然，我走的时候也带走了那个人的微笑。五天后，我在众多的卖菜人中间找到了他，他一见我仍然是那样微笑，"买点儿什么？"却并不提钱的事。我选了几根黄瓜，连那天的西红柿钱算在一起，给了他七块钱，他照样笑着，"你很讲信用啊！"我说："是你先信任我。"彼此道了再见，转身走在乱糟糟的菜市场中，忽然发现自己心情真的很好。这件事告诉我们，诚信做人，首先要先站在别人的立场上为别人考虑，他人才以诚信来对待我们。

76. 我选择中年人的菜是因为：
   A 他的菜很新鲜　　　　　　B 价格非常便宜
   C 服务态度很好　　　　　　D 我以前认识他

77. 我为什么又不打算买西红柿了？
   A 没有零钱　　　　　　　　B 家里还有
   C 觉得不好吃　　　　　　　D 想买其他菜

78. 我买了多少钱的黄瓜？
   A 三块　　　　　　　　　　B 四块
   C 五块　　　　　　　　　　D 七块

79. 我的心情很好是因为：
   A 今天可以休息　　　　　　B 买了爱吃的菜
   C 买菜人没问我要钱　　　　D 得到了他人的信任

80. 可以替换最后一段中的"立场"的词语是：
   A 态度　　　　　　　　　　B 角度
   C 地位　　　　　　　　　　D 方向

81—85.

　　一家电器公司计划招聘一批基层管理人员，采取笔试和面试相结合的方法。原计划招十人，结果有上百人应聘。经过一周的考试和面试之后，通过电脑计分，选出了十位优胜者，当经理将录取者一个个过目时，发现有一位特别出色、面试时给他留下了深刻印象的年轻人未在十人之列。于是经理当即叫人复查考试情况。结果发现，年轻人的综合成绩名列第二，只因电脑出了毛病，把分数和名次排错了，导致他落选。经理立即叫人改正错误，给这个年轻人发录用通知书。第二天，公司派人转告经理一个惊人的消息：年轻人因没有被录取而跳楼自杀，录取通知书送到之时，他已不在了。听到了这个消息，经理沉默了好长时间。一位助手在旁边自言自语："多可惜，这是一位有才干的青年，我们没有录取他。"经理摇了摇头说："不，幸亏我们没有录用他，意志如此不坚强之人是干不成大事的。"

　　通过上面这个故事，我们知道，人生当中不如意的事十有八九，因为求职未被录取而选择放弃生命，这种做法不值得叫好。大家也听说过，因为高考未中而自杀之人也有很多。这些人不懂得，要想成功必须意志坚强。当我们看到鲜花和荣誉环绕的成功人士时，不要只认为这些是因为他们的机遇与环境好，应当牢记：意志是成功的基础。

81. 这次招聘：
   A 有年龄限制　　　　　　　B 竞争很激烈
   C 面向大学生　　　　　　　D 用了十天时间

82. 年轻人为什么落选？
   A 没有管理经验　　　　　　B 没有参加复试
   C 公司出现错误　　　　　　D 考试时没发挥好

83. 年轻人选择：
    A 出去旅游散心   B 离开这个世界
    C 去别的公司应聘   D 到学校继续学习

84. 经理认为年轻人：
    A 太软弱   B 没能力
    C 很独立   D 不听话

85. 这段文字主要是想告诉我们：
    A 犯错误后要敢于承认   B 意志坚强者才能成大事
    C 大胆尝试可以争取机会 D 挑战困难就会得到收获

86—90.

据统计，每年有数以万计的女性在跑步机上锻炼，然而，数个月后就选择放弃，她们的体型当然也没有任何改善，之前许多个小时的锻炼全都白费心机。运动专家指出，大部分人以为跑得越多，就能减得越多，这确实是个正确的说法。不过，这一结论成立有个前提。

跑步是最有效的减肥方式，以舒适的速度跑动一分钟，就能燃烧8.5卡路里的热量。然而，专家指出，问题在于当你的跑步距离越长，你的身体效率就会提升到越高水平，这样你跑步时减少的热量就将随之降低。

换句话说，跑步初期你的体重会降低很快，然而，随着时间深入，你的身体会适应这种运动状态，这时候你的锻炼结果就会停止不进。不仅如此，长年累月顺着相同的路跑步，可能引发伤病，例如带来腿关节问题，长久的重复锻炼，还可能影响运动热情，最终会导致不少人放弃运动。

一位健身教练制定了一个让你跑得更少、却能减肥更多的运动方案，其原理就是在更短时间内进行强度更大的跑步。按照这个计划，一周仍然需要跑5天，但每天的运动量不用超过20分钟。

86. 根据本文内容，大部分女性在跑步机上锻炼都：
    A 可以改变体形   B 能够增加自信
    C 无法长期坚持   D 需要专家指导

87. 大部分人认为要想成功减肥就要：
    A 加大运动量   B 控制好饮食
    C 不喝甜饮料   D 增加工作强度

88. 关于跑步，专家是怎么认为的？
    A 需要专业场地   B 要在早上进行
    C 时间不要太长   D 每天都要坚持

89. 什么导致不少人放弃运动？
    A 失去兴趣   B 工作太忙
    C 费用很高   D 没人指导

90. 按照健身教练的运动方案，每周的运动时间：
    A 越多越好   B 在两小时以上
    C 不超过二十分钟   D 在一个半小时左右

三、书　写

第 一 部 分

第 91—98 题：完成句子。

例如：发表　　这篇论文　　什么时候　　是　　的

　　　这篇论文是什么时候发表的？

91. 学习　　老师　　我　　用功　　夸

92. 污染　　环境　　开采　　会　　煤炭　　对　　造成

93. 就　　带　　迷路　　不　　地图　　会　　了

94. 密切　　联系　　要　　你们　　保持　　跟客户

95. 这位　　无法　　魅力　　让人　　明星的　　抗拒

96. 勇敢　　很　　我　　李红的　　佩服

97. 签字　　您　　请　　发票上　　在

98. 股市　　投进　　我　　所有资金　　把　　都　　了

第 二 部 分

第 99—100 题：写短文。

99. 请结合下列词语（要全部使用），写一篇 80 字左右的短文。

解释　　原来　　避免　　多亏　　误会

100. 请结合这张图片写一篇 80 字左右的短文。

答 案

一、听 力

第一部分

1. B 2. D 3. C 4. A 5. B
6. B 7. A 8. C 9. B 10. B
11. D 12. D 13. B 14. A 15. B
16. A 17. A 18. B 19. B 20. D

第二部分

21. C 22. C 23. C 24. B 25. A
26. D 27. C 28. B 29. A 30. B
31. D 32. A 33. C 34. D 35. A
36. C 37. A 38. A 39. D 40. A
41. C 42. D 43. B 44. A 45. B

二、阅 读

第一部分

46. D 47. C 48. A 49. C 50. B
51. D 52. C 53. C 54. A 55. C
56. D 57. A 58. C 59. D 60. A

第二部分

61. C 62. B 63. C 64. B 65. C
66. D 67. C 68. A 69. D 70. C

第三部分

71. A 72. C 73. A 74. B 75. A
76. C 77. A 78. A 79. D 80. B
81. B 82. C 83. B 84. A 85. B
86. C 87. A 88. C 89. A 90. D

三、书 写

第一部分

91. 老师夸我学习用功。
92. 开采煤炭会对环境造成污染。
93. 带地图就不会迷路了。
94. 你们要跟客户保持密切联系。
95. 这位明星的魅力让人无法抗拒。
96. 我很佩服李红的勇敢。
97. 请您在发票上签字。
98. 我把所有资金都投进了股市。

第二部分
(参考答案)

99. 麦克的女朋友在街上看见麦克和别的女孩儿一起逛商店,很生气。多亏那个女孩儿及时向她解释,才避免了误会。原来女朋友的生日快到了,麦克想请女同事帮他挑一件新衣服,给她一个惊喜,所以才会一起逛街。

100. 暑假快结束的时候,玛丽请我到她家做客。看到她的时候,我简直不敢相信自己的眼睛,她居然变得这么苗条,原来穿的裤子现在大了好多。玛丽得意地说:"这可是我努力了一个暑假换来的!"

听力材料及听力部分题解

(音乐,30 秒,渐弱)

大家好!欢迎参加 HSK(五级)考试。
大家好!欢迎参加 HSK(五级)考试。
大家好!欢迎参加 HSK(五级)考试。

HSK(五级)听力考试分两部分,共 45 题。
请大家注意,听力考试现在开始。

第 一 部 分

第 1 到 20 题:请选出正确答案。现在开始第 1 题:

1.

> 女:下班后我们一起去医院看看王经理吧!听说他生病住院了。
> 男:好啊,那我们去超市买点儿水果再过去吧。
> 问:他们下班后要先做什么?

A 回家换衣服　　**B 去超市买东西**
C 去医院看病人　　D 去饭店吃晚饭

【题解】从听力材料中看,女的提议下班后去医院看生病的王经理,男的提议先去超市买点儿水果再去医院,因此下班后他们要先去超市。正确答案是 B。

2.

> 男:冬天快到了,我们是不是应该去买块儿地毯呀?
> 女:家里刚装修过,现在经济很紧张,还是明年再买吧。
> 问:女的主要是什么意思?

A 地毯很便宜　　B 想装修房子
C 明年要搬家　　**D 现在不想买**

【题解】从四个选项看,这段话应该和房子、装修有关。从听力材料来看,男的想买地毯,而女的认为家里装修花了很多钱,现在家里经济很紧张,觉得最好明年再买,也就是说女的现在不想买地毯。正确答案是 D。

3.

> 男:你都大学毕业了呀?没想到时间过得这么快,在哪里工作呀?
> 女:我在市里的一家幼儿园上班,明

> 年准备结婚了。
> 问：关于女的，可以知道什么？

A 在上大学　　　B 已经结婚
C 是位教师　　D 要考研究生

【题解】根据听力材料可以知道，女的大学毕业后在市里的幼儿园上班，应该是一名幼儿教师。再根据"明年准备结婚了"这句话可以知道她现在还没有结婚。D项内容，对话中没有涉及到。正确答案是C。

4.

> 男：你不要天天吃油炸食品，这样对身体不好，而且你也应该减减肥了。
> 女：我从上周就决定减肥了，但是这些东西真的非常好吃，我一看见就想吃。
> 问：男的希望女的做什么？

A 减肥　　　　B 多吃水果
C 珍惜时间　　　D 学做油炸食品

【题解】根据"你不要天天吃油炸的食品，这样对身体不好，而且你也应该减减肥了"可以知道，男的希望女的少吃油炸食品，减减肥，因此正确答案是A。

5.

> 女：吃完饭陪我去买几双袜子吧！顺便帮宝宝买个玩具回来。

> 男：好啊，正好我也想买瓶鞋油呢，我上个月买的那双皮鞋该擦擦了。
> 问：男的想要买什么？

A 皮鞋　**B 鞋油**　C 袜子　D 玩具

【题解】"袜子"、"玩具"、"皮鞋"和"鞋油"都出现在了听力材料中，但问题问的是"男的想要买什么"，男的说"正好我也想买瓶鞋油呢"，因此正确答案是B。

6.

> 男：张太太，张先生临时有事，希望您在这里等他一下，要不您先看看菜单？
> 女：不用了，请给我杯西瓜汁，你去招呼其他顾客吧！
> 问：对话可能发生在哪里？

A 学校　**B 饭店**　C 商场　D 朋友家

【题解】根据选项，可以知道这应该是一道地点题。在一般的地点题的对话中一定会出现带有明显地点特征的事件或物品，考生在听的时候要注意。

在听力材料中，男的希望女的先看菜单，女的回答说"请给我杯西瓜汁，你去招呼其他顾客吧"，这说明女的应该是在一家饭店等先生一起吃饭。正确答案是B。

7.

> 男：小丽，怪不得你不着急，原来把明天开会的资料整理好了呀。
> 女：是啊，我可不想再加班了，今天晚上你自己一个人在公司填报表吧！
> 问：关于男的，可以知道什么？

A 今晚要加班　　B 工作做完了
C 马上要开会　　D 现在不着急

【题解】从听力材料看，小丽把明天开会的资料整理好了，所以现在不着急，但并没有说男的现在不着急，所以 D 项是错误的。再根据女的的话"我可不想再加班了，今天晚上你自己一个人在公司填报表吧"可以知道，今晚男的要加班填报表。正确答案是 A。

8.

> 男：听说昨天公司开会决定升李刚为销售部经理。
> 女：这一点儿也不奇怪，小李工作这么负责，又这么努力，公司的决定是正确的。
> 问：关于小李，可以知道什么？

A 没来上班　　B 正在开会
C 工作勤奋　　D 在外地出差

【题解】根据听力材料可以知道，公司决定升小李为经理，女的的话是对小李日常工作的评价，她认为小李工作努力负责。正确答案是 C。

9.

> 男：这是我的简历，请您看一下！
> 女：好，你先坐下吧，能谈谈你对这份工作的看法吗？
> 问：男的正在做什么？

A 上网　　　　B 应聘
C 打电话　　　D 填写简历

【题解】根据听力材料中男的的话"这是我的简历，请您看一下"可以知道，男的现在应该是在应聘工作，因此正确答案是 B。

10.

> 男：从这里到北京，如果走高速公路的话只需要一个半小时。
> 女：这么快啊，我上次坐长途车来用了三个多小时呢。
> 问：从那里到北京最快需要多长时间？

A 半小时　　　B 一个半小时
C 两个小时　　D 三个小时

【题解】根据选项，可以知道，这是一道时间题。这一类型的题目，答案可能是听到的某个选项，也可能要通过计算才能得到正确答案，考生要结合问题来判断。

听力材料中出现了"一个半小时"和"三个多小时"两个时间，而问题问的是"从那里到北京最快需要多长时间"，所以考生要在二者中选时间较短的那一个。正确答案是 B。

11.

男：小敏，快来看大象！它们都在吃东西呢！
女：爸爸，我不想看大象，我们过去看其他动物好吗？
问：根据对话，下面哪项正确？

A 他们是母子　　　B 大象生病了
C 女的想吃饭　　**D 他们在动物园**

【题解】根据听力材料可以知道，他们是父女关系，他们正在看大象，女儿想看其他动物，也就是说他们现在正在动物园里。正确答案是D。

12.

女：亲爱的，你能帮我拿一下身份证吗？在钱包里。
男：钱包里只有几张名片，没有身份证，你是不是放到其他地方了？
问：女的想要男的帮她拿什么东西？

A 钱包　　　　　B 名片
C 信用卡　　　　**D 身份证**

【题解】从听力材料中看，女的要用身份证，需要男的帮她从钱包里找一下，但男的没有找到，虽然对话中A、B、C三个选项都出现了，但问题是"女的想要男的帮她拿什么东西"，正确答案是D。

13.

男：我们这里天气很暖和，农作物一年三熟。
女：北方比这里冷，我们家每年只种一次玉米和一次小麦。
问：关于女的，可以知道什么？

A 想种小麦　　　**B 家在北方**
C 喜欢吃玉米　　D 不喜欢冬天

【题解】根据"北方比这里冷，我们家每年只种一次玉米和一次小麦"可以知道，女的家住在北方，冬天比较冷，但听力材料中并没有提到女的个人喜好问题。正确答案是B。

14.

男：今年春天，我想去西安旅游，你和我一起去吧！
女：我早就想去了，那里有很多名胜古迹，听朋友说那边的人也很友好。
问：女的主要是什么意思？

A 想去旅游　　　B 不去西安
C 想去看朋友　　　D 喜欢人多的地方

【题解】从听力材料中可以知道，男的邀请女的一起去西安旅游，从"我早就想去了，那里有很多名胜古迹，听朋友说那边的人也很友好"可以知道，女的也很想去。正确答案是A。

15.

男:小李,抓紧时间,赶快把这些材料整理完,我还等着用呢!
女:我会尽快整理好的。
问:他们可能是什么关系?

A 医生与病人　　B 经理与秘书
C 律师与法官　　D 顾客与服务员

【题解】从选项看,这是一道关系题。考生在听这一类型的题目时,需要注意两点:一是男女双方的称呼,可以直接反映两人的关系;二是男女双方谈话的内容,根据内容判断两人的关系。

从听力材料中可以知道,他们正在讨论工作中的事情,男的让女的尽快把资料整理完,女的回答说她会尽快弄好的,再根据男的对女的的称呼"小李"可以知道他们应该是领导与秘书之间的关系,因此正确答案是B。

16.

男:我买了新车,旧的借你开吧,反正我又用不到了。
女:可是我看到路上的人就紧张,如果撞了人就不好了。
问:根据对话,可以知道什么?

A 女的会开车　　B 男的要去医院
C 女的买了新车　D 女的开车技术很好

【题解】根据选项,A、C、D三个选项都与女的和车有关,因此考生可以推测对话内容应该与车有关,而且考生要注意听力材料中有关于女的的内容。根据听力材料可以知道,男的买了新车,旧的想让女的开,可女的自己开车技术不好,怕撞到人,这说明女的会开车,但技术不好,因此正确答案是A。

17.

男:我希望你不要再抽烟了,这样对你和孩子的身体不好。
女:我也不想抽啊,可是抽习惯了,哪天不抽烟就没有精神工作。
问:男的希望女的做什么?

A 别再吸烟　　B 努力工作
C 多关心孩子　D 多锻炼身体

【题解】从听力材料来看,男的希望女的为了她自己和孩子的身体,不要再抽烟了,所以正确答案是A。

18.

女:快打电话叫救护车,妈妈的病又复发了。
男:我这就去,你先给她吃几粒药,救护车马上就到了。
问:女的现在是什么心情?

A 冷静　B 着急　C 高兴　D 复杂

【题解】从选项看,这道题和情绪或语气有关。这一类型的题目,考生需要注意两个问题:一是听清对话的内容,判断说话人应有的情绪或语气;二是注意说话人表达情绪或语气的关键词语。

从听力材料来看,女的的妈妈病复发了,男的已经打电话叫救护车了,这说明情况很危急,女的现在也很着急。正确答案是B。

19.

> 男:卧室的窗户关了吗?我们这次要出差一个星期呢,检查一下家里的门窗是不是都锁好了。
> 女:我都看了两遍了,已经锁好了,放心吧!
> 问:根据对话,可以知道什么?

A 窗子坏了　　　**B 男的要出差**
C 钥匙不见了　　D 卧室在装修

【题解】根据"我们这次要出差一个星期呢,检查一下家里的门窗是不是都锁好了"可以知道,他们要出差,所以这道题的正确答案是B。

20.

> 男:今天上午的球赛真精彩,你看了吗?
> 女:当然看了,这么好看的比赛,我怎么能错过呢?
> 问:他们在谈论哪方面的事情?

A 物理　B 商业　C 军事　**D 运动**

【题解】从选项看,四个选项都是名词,且各都涉及了一个领域,因此考生可以猜测这道题可能是要考对话涉及哪个领域。考生在做这类题的时候要注意听各个领域的专有词汇,抓住关键词,做出正确判断。

从听力材料中看,男的问女的上午的球赛看了吗,女的回答说"这么好看的比赛,我怎么能错过呢",这说明他们在谈有关体育运动方面的事情。正确答案是D。

第二部分

第21到45题:请选出正确答案。现在开始第21题:

21.

男:我到你们公司楼下了,快点儿下来吧!
女:不要开玩笑了,才二十分钟,你飞过来的吗?
男:不是,我是骑张明的摩托车来的。
女:那你等我一下,我马上就下来。
问:男的是怎么去找女的的?

A 坐飞机　　　　B 乘地铁
C 骑摩托车　　D 坐出租车

【题解】在听力材料中出现了"飞"、"摩托车",所以在这道题中A项可能会对考生有一定的迷惑性,但如果考生对"摩托车"熟悉,听懂对话内容,便能轻松地做出正确选择。正确答案是C。

22.

男:你刚刚到上海,明天打算做什么?
女:我想去买一些日用品,来的时候好多东西都没带。
男:明天正好我放假,陪你去市里逛逛,你在这里遇到什么事情,记得打电话给我。
女:知道了,晚上我们一起吃个饭吧。
男:行,你收拾一下,等会儿我带你去一家好吃的饭店。
问:男的明天要做什么?

A 打电话回家　　B 请女的吃饭
C 陪女的买东西　D 帮女的收拾房间

【题解】根据听力材料可以知道,女的刚来上海,对这里还不熟悉,男的很热情,打算明天陪女的去市里买日用品,而请女的吃饭将发生在今天晚上,问题问的是"男的明天要做什么",因此正确答案是C。

23.

男:您好,这是我的名片,我想见一下你们公司的李刚经理。
女:对不起,请等一下,我打个电话问一下。
男:好的。
女:对不起,张先生,我们经理正在开会,请明天再来吧。
问:关于女的,可以知道什么?

A 正在开会　　　B 想要找人
C 正在上班　　D 需要休息

【题解】从听力材料来看,男的希望见李刚经理,但女的要求打电话询问李经理现在是否有时间接待男的,也就是说女的应该是公司的前台接待员,她现在应该是在上班,因此正确答案是C。

24.

男：小周,快看,张静在马路对面。
女：不可能,小静去北京看奶奶了,过几天才回来呢。
男：她前两天就把奶奶接到上海来了,你不知道吗?
女：好像是她,那我们过去和她打个招呼吧。
问：根据对话,可以知道什么?

A 男的要去北京　　**B 张静人在上海**
C 奶奶要去医院　　D 女的没戴眼镜

【题解】选项中出现了四个人物,即"男的"、"张静"、"奶奶"和"女的",考生在听的时候要对有关这四个人的描述加以注意。

根据听力材料可以知道,小静前两天就把她奶奶从北京接到了上海,现在他们应该都在上海。正确答案是B。

25.

男：你怎么还不睡,有什么不开心的事情吗?
女：也没什么不开心的事情,就是有点儿想我爸妈了。
男：那明天给他们打个电话吧!现在快点儿睡觉吧,明天还要上班呢!
女：知道了,你先回去睡吧。
问：女的为什么还没睡觉?

A 想家了　　　　B 工作压力大
C 时间还早　　　　D 心情激动

【题解】根据"也没什么不开心的事情,就是有点儿想我爸妈了"可以知道,女的还没睡觉是因为她想父母了,也就是说她想家了。正确答案是A。

26.

女：小明,你怎么不吃晚饭啊?
男：妈妈,我嗓子很疼,不想吃东西。
女：过来,让我看看,是不是感冒了?
男：没有,可能是今天喝的水太少了。
问：关于男的,可以知道什么?

A 感冒了　　　　B 还不饿
C 爱喝饮料　　　**D 嗓子不舒服**

【题解】根据听力材料可以知道,小明不吃饭是因为"我嗓子很疼,不想吃东西",即他的嗓子很不舒服,而不是生病感冒了。正确答案是D。

27.

男：这次的人事调动,好像不关我们什么事吧?
女：我们应该没事,不然经理早就宣布了。
男：是啊,不知道昨天经理他们开会讨论了什么事情。
女：不要乱想了,做好我们自己的工作,不会有事的。
问：女的主要是什么意思?

27

A 经理出差了　　　B 开会时间改了
C 应该安心工作　D 晚上不用加班

【题解】根据听力材料可以知道,公司的人事变动让人们很不安,但女的认为他们应该"不要乱想了,做好我们自己的工作,不会有事的",也就是说她觉得他们应该安心工作,因此正确答案是C。

28.

女:你上周怎么没去参加我们的同学会啊?
男:我到北京出差了,昨天刚回上海,同学会办得怎么样?
女:挺不错的,大部分同学都去了,他们现在过得都还不错呢。
男:我错过这次的同学会真是太可惜了。
问:男的为什么没有去参加同学会?

A 忘记了　　　　　**B 在北京**
C 需要上课　　　　D 妻子生病了

【题解】根据听力材料可以知道,男的没有去参加同学会是因为"到北京出差了,昨天刚回上海",也就是说同学会那天,男的没有在上海,而是在北京。正确答案是B。

29.

男:马上要放假了,你有什么打算吗?
女:我早就想回家看我儿子了,你呢?
男:我想先在苏州转转,来了快半年了,还没好好看过这个城市呢。
女:回家之前,我要先去给我儿子买礼物。
问:女的放假想先做什么?

A 买东西　　　B 参观苏州
C 回家看儿子　　D 去看父母

【题解】根据听力材料可以知道,女的打算放假就回家看孩子,但回去前要先给孩子买礼物,也就是说她放假要先去买东西。正确答案是A。

30.

男:对不起,我没听清楚,你能重复一下吗?
女:我说王教授的电话是139-5628-7622。
男:是139-5628-6722吗?
女:是7622。
男:好的,我知道了,谢谢你啊!
问:王教授的电话是多少?

A 13956286722　　**B 13956287622**
C 13976225628　　D 13956762822

【题解】从选项看,这是一道数字题,四个选项中给出了四个电话号码,考生在听听力材料之前可以找出四个号码的差别,再根据听力内容找出正确答案。

根据女的的话,王教授的电话号码是"13956287622",所以正确答案是B。

第31到32题是根据下面一段对话:

女:喂,张亮,你接到儿子了吗?
男:(31)接到了,我们都快到家了,你今晚加班到几点?
女:不知道呢,你和小军先吃饭吧,不要等我了。
男:知道了,一会儿我带儿子去接你下班吧。
女:不用了,你让他早点儿睡觉,明天还要去上课呢!
男:行,你赶快去工作吧,我们到家了。
女:对了,(32)记得收阳台上的衣服。
男:知道了,放心吧,等你回来!

31. 他们正在做什么?
　　A 吃饭　　　　B 加班
　　C 接儿子　　**D 打电话**

【题解】根据听力材料可以知道,男的接儿子回家,而女的正在公司加班,因此正确答案是D。

32. 女的希望男的做什么?
　　A 收衣服　　B 接她下班
　　C 早点休息　　D 陪儿子写作业

【题解】根据"记得收阳台上的衣服"可以知道,女的希望男的把阳台上的衣服收一下,因此正确答案是A。

第33到36题是根据下面一段话:

　　有一次,一位数学家请朋友到家里做客。(33)当他走出房门去拿葡萄酒时,(34)忽然想起关于早上思考的问题的运算过程,于是就把请客的事忘了,自顾自地忙着计算起来。(35)朋友知道他的脾气,只好自己吃掉了盘子里的鸡,把骨头吐在了桌子上。数学家终于计算完了,这才想起请客的事。走回桌前一看,鸡只剩下了骨头,他突然笑着说:"我以为我还没有吃饭呢,原来已经吃过了。"

33. 数学家走出房门去做什么?
　　A 买菜　　　　B 找鸡
　　C 拿酒　　　D 思考问题

【题解】根据听力材料"当他走出房门去拿葡萄酒时"可以知道,数学家走出房门是为了拿葡萄酒,因此正确答案是C。

34. 数学家为什么忘记了请客的事情?
　　A 生病了　　　B 工作太忙
　　C 朋友没来　　**D 想到别的事**

【题解】根据听力材料中的"忽然想起关于早上思考的问题的运算过程,于是就把请客的事忘了"这句话可以知道,数学家忘了请客是因为他突然想起了早上思考的运算过程,也就是说他想到了其他的事情,因此正确答案是D。

35. 鸡被谁吃了？
  A 朋友　　　B 数学家
  C 家里的猫　D 数学家妻子
【题解】从听力材料中的"朋友知道他的脾气,只好自己吃掉了盘子里的鸡"这句话可以知道,是朋友把那只鸡吃了。正确答案是 A。

36. 关于数学家,可以知道什么？
  A 记忆很好　B 喜欢吃鸡
  C 热爱工作　D 朋友很多
【题解】根据这段话可以知道,数学家为了工作忘记请朋友吃饭这件事,说明他是一个热爱工作的人,因此正确答案是 C。

第 37 到 39 题是根据下面一段话：

> 传说中,(37)有一种鸟,它没有脚,所以只能不停地飞,累了就睡在风里。(38)在它的一生中只有一次落地的时候,那就是死的时候。有的时候,人类也像这种鸟一样,必须不停地努力高飞,不是因为我们没有脚,不能着地,(39)只是因为我们不能停下前进的脚步,不能停下追求梦想的脚步。只有这样,我们才能实现我们的目标,找到我们自己喜欢的生活方式。

37. 传说中的鸟为什么只能不停地飞？
  A 没有脚
  B 要寻找食物
  C 想要找到大海
  D 没有休息的地方
【题解】根据听力材料中的"有一种鸟,它没有脚,所以只能不停地飞"这句话可以知道,这种鸟只能不停地飞是因为它没有脚,因此正确答案是 A。

38. 传说中的鸟什么时候才能落地？
  A 死去　B 吃饭　C 睡觉　D 下雨
【题解】根据材料"在它的一生中只有一次落地的时候,那就是死的时候",也就是说这种鸟只有死去的时候才能落地,因此正确答案是 A。

39. 这段话主要讲的是什么？
  A 鸟的种类
  B 健康的重要
  C 走路的方式
  D 如何实现理想
【题解】根据听力材料可以知道,这段话主要是想通过鸟的事例告诉我们一个道理,即如果想要实现理想,过上自己想要的生活,就必须要前进,不能停下来,就像传说中的那种鸟一样。正确答案是 D。

第 40 到 42 题是根据下面一段话：

> 有一天,王刚带着一大笔钱走在路上。(40)突然,从路边跳出一个人。他拿着枪威胁王刚,要王刚交出钱。于是王刚就答应了,并对

他说:(41)"请在我帽子上开两枪吧,我好回去向老板交代!"那个人照王刚的话,向他的帽子打了两枪。"再在我的上衣上打两枪吧!"王刚又说。那个人又照王刚的话做了。"最后,请您再在我的裤腿上打两个洞,拜托了!"抢钱的人一听,不耐烦地拿枪又在王刚的裤腿上给了两枪。王刚知道对方的手枪里再也没有子弹了,便一脚把他踢倒,飞快地跑了。

40. 从路边跳出来的那个人要做什么?
　　A 抢钱　　　B 练习枪法
　　C 请王刚帮忙　D 接王刚回家
【题解】从听力材料来看,路边跳出来的人拿着枪要抢王刚的钱,正确答案是 A。

41. 手枪里一共有几发子弹?
　　A 2　　B 4　　**C 6**　　D 8
【题解】根据听力材料可以知道,拿枪抢钱的人先向王刚的帽子打了两枪,然后又向王刚的上衣打了两枪,最后向王刚的裤腿打了两枪,然后就没有子弹了,所以手枪里一共有六发子弹。正确答案是 C。

42. 王刚是一个什么样的人?
　　A 害羞　B 糊涂　C 胆小　**D 聪明**
【题解】从听力材料中可以看出,王刚遇到抢钱的人是以智取胜,说明王刚是一个

很聪明的人,正确答案是 D。

第 43 到 45 题是根据下面一段话:

王安博士在美国企业界是一位传奇人物。(43)他用 600 美元创业,到今天年资产已高达数十亿美元。而影响他一生的最大"教训",发生在 6 岁。有一天王安出去玩,路经一棵大树,突然有一只小鸟从树上掉下来。他很喜欢,决定把它带回家养。(44)王安突然想到妈妈不允许在家养小动物,于是他就把小鸟放在门口,急忙走入屋内,请求妈妈允许。最后,妈妈破例答应了儿子的要求。王安兴奋地跑出门外,不料小鸟不见了,只见一只黑猫在擦着嘴巴。从这件事,王安得到了一个很大的教训,那就是:(45)只要是对的事情,就不要犹豫,必须马上行动。

43. 王安为什么会成为美国企业界的传奇人物?
　　A 没有人见过他
　　B 创业非常成功
　　C 做事不留后路
　　D 为人很有诚信
【题解】从听力材料中可以知道,王安成为美国企业界传奇人物是因为"他用 600 美元创业,到今天年资产已高达数十亿美元",也就是说创业非常成功,因此正确答案是 B。

44. 王安为什么要把小鸟放在门口？

　　A 怕妈妈批评

　　B 门口有很多人

　　C 怕黑猫伤害它

　　D 门口有食物和水

【题解】根据听力材料,可以知道王安把小鸟放在门口是因为他妈妈不允许他在家里养宠物,他怕拿进去被妈妈批评。正确答案是 A。

45. 从这件事中,王安明白了什么？

　　A 考虑要周全

　　B 做事不能犹豫

　　C 环境非常重要

　　D 要注意身体健康

【题解】根据听力材料的最后一句话"只要是对的事情,就不要犹豫,必须马上行动"可以知道,王安从这件事中明白了做事不能犹豫,要马上行动的道理。正确答案是 B。

听力考试现在结束。

阅读部分题解

第一部分

第46—60题:请选出正确答案。

46—48.

> 为了读书,毛泽东把一切可以 __46__ 的时间都用上了。在游泳下水之前活动身体的几分钟里,有时还要看上几句名人的诗词。游泳上来后, __47__ 顾不上休息,就又拿起了书本。连上厕所的几分钟时间,他也从不白白地浪费掉。一部重刻宋代《昭明文选》和其他一些书,就是 __48__ 利用这些时间,今天看一点儿,明天看一点儿,断断续续看完的。

46. A 占有　B 发挥　C 促使　**D 利用**
【题解】A项"占有"表示用强力取得或保持,也可以表示处在某种地位;B项"发挥"表示把内在的性质或能力表现出来,或把意思、道理充分表达出来;C项"促使"表示推动使达到一定目的;D项"利用"表示使事物或人发挥效能。时间是每个人都有的,不需要用强力取得,A项不正确;B项"发挥"的宾语多是内在的能力,时间不能做"发挥"的宾语,B项不正确;C项"促使"强调推动,时间是自然的,人力是不能改变的,C项不正确;D项"利用"的宾语是事物或人,"利用时间"表示使时间变得有用,

而不是浪费时间。本题选择D项。

47. A 本来　B 到底　**C 根本**　D 毕竟
【题解】A项"本来"表示原有的或理所当然的;B项"到底"有多个义项,做副词时可以表示毕竟、深究或经过种种变化最后出现某种结果;C项"根本"有多种义项,做副词时多用于否定,表示从头到尾,完全;D项"毕竟"表示追根究底得到的结论,强调事实或原因。根据文章,毛泽东游泳以后顾不上休息,如果选择"本来"就表示以前和现在不同,但是毛泽东真的没有休息,"本来"也可以表示理所当然,但是游泳以后休息是一般的情况,因此"本来"的两个义项都不正确;B项"到底"和D项"毕竟"有重合的义项,因此两个选项都不正确;根据文章可以知道毛泽东非常注意利用时间,完全不休息。本题选择C项。

48. **A 充分**　B 特意　C 同时　D 发展
【题解】A项"充分"表示足够,多用于抽象事物;B项"特意"表示专为某件事;C项"同时"表示同一个时候或并列关系;D项"发展"表示事物由小到大、由简单到复杂、由低级到高级的变化。根据文章,毛泽东利用了所有可以利用的时

间,不是专门的,而是足够的,A项正确,B项不正确;毛泽东在看书的时候没有做别的事,不是同时,C项不正确;"时间"是不能发展的,D项不正确。

49—52.

夏日离不开饮料,首选的并不是各种冷饮制品,也不是啤酒或咖啡,___49___是极普通的热茶。茶叶中富含钾元素(每100克茶水中钾的___50___含量分别为绿茶10.7毫克,红茶24.1毫克),对人体有很大的好处,而且既解渴又解乏。一项研究指出,喝绿茶还可以减少1/3因日晒而___51___的皮肤晒伤以及老化问题。根据专家的试验表明,热茶的降温能力___52___,是消暑饮品中的首选。

49. A 从而　B 因而　**C 反而**　D 而且
【题解】A项"从而"的前句表示原因或方法,后句表示目的或结果;B项"因而"的前句表示原因,后句表示结果;C项"反而"表示跟上文意思相反或出乎预料;D项"而且"表示进一步,前面往往有"不仅、不但"等词语。文章的主要内容是夏天选择饮料,一般人们都会选择冷饮,但是文章说,首选不是冷饮、啤酒、咖啡,应该是热茶,这和人们的一般想法是相反的,C项"反而"正确;题目的上下文没有因果关系,A项、B项不正确;上下文也没有表示进一步的意思,D项不正确。

50. A 平常　**B 平均**　C 平衡　D 平等
【题解】A项"平常"表示普通,不特别;B项"平均"表示把总数按份儿均匀计算;C项"平衡"表示对立的各方面在数量或质量上相等或相抵;D项"平等"表示人们在社会、政治、经济、法律等方面享有相等的待遇。根据文章中的"每100克"可以知道这是一种对平均数字的说法。本题选择B项。

51. A 保持　B 控制　C 面临　**D 导致**
【题解】A项"保持"表示维持原状,使不消失或减弱;B项"控制"表示掌握住不使任意活动或超出范围,也表示使处于自己占有、管理或影响下;C项"面临"表示遇到形势、问题等;D项"导致"表示引起,多为不好的结果。根据文中的"因……而……"句式可以知道日晒是原因,皮肤晒伤、老化等问题是结果,四个选项中只有D项"导致"可以表示因果关系。本题选择D项。

52. A 其实很差
　　B 比不上其他饮料
　　C 大大超过冷饮制品
　　D 超出人体承受范围
【题解】根据下文可以知道热茶是"消暑饮品中的首选",那么热茶一定是很好的,四个选项中只有C项是热茶的优点。本题选择C项。

53—56.

我们在日常的人际交往过程中,要有信心,不要被沟通可能会失败的心理所困扰。只有__53__,才能增加与他人进行社会比较的机会,从而发现自己的长处,并由此__54__正确的自我认识与评价,增强自己的信心。当然,自信不是表演出来的自信,自信首先是__55__在自我认知之上的,__56__自我认知,就是对自己有一个明确的、实事求是的看法和评价,包括自己的性格、能力、长处、短处、人生目标等等。

53. A 拥有真正的朋友
  B 经常出去散步
  C 通过多与人沟通
  D 真诚对待每个人

【题解】根据上下文,"增加与他人进行社会比较的机会"是结果或目的,本题需要选择条件或方法,经常出去散步显然不能达到目的,B项不正确;真诚对待每个人也不一定能增加比较的机会,D项不正确;拥有朋友也许可以进行比较,但是交朋友的目的不是为了比较,这段文章的重点之一就是"沟通",因此C项比A项合适。

54. **A 形成** B 包括 C 充满 D 实现

【题解】A项"形成"表示通过发展变化而成为具有某种特点的事物或出现某种情况;B项"包括"表示里边含有,多是具体的事物或人;C项"充满"表示充分具有,宾语多是抽象事物,如信心、力量等;D项"实现"表示使成为现实,宾语多是理想、梦想等。"自我认识和评价"不需要有那么多,不能"充满",首先排除C项;B项"包括"之前需要有一个范围,文章中找不到这样的成分,B项不正确;D项"实现"表示变成真的,但是文章中并没有把"自我认识和评价"变成事实的部分,D项不正确;根据文章,有的人总是担心沟通会失败,这是因为对自己的认识不正确、没有自信心,要是多和人们沟通,就会发现自己的长处,这样就能有正确的自我认识,因此本题选择A项。

55. A 把握 B 控制 **C 建立** D 设计

【题解】A项"把握"做动词表示抓住抽象的东西;B项"控制"表示掌握住不使任意活动或超出范围,也表示使处于自己占有、管理或影响下;C项"建立"表示开始成立、产生或形成;D项"设计"表示在正式做某项工作之前,根据一定的目的要求,预先制定方法、图样等。"自信"是不能预先制定的,是不能设计的,首先排除D项;"自我认识"不是随时会不见的,不需要抓住,排除A项;根据上文,有了正确的自我认识能增强自信心,也就是说,自我认识是基础,有了正确的自我认识能形成自信,"建立"有形成的意思,因此本题选择C项。

35

56. A 相对 B 相似 C 神秘 **D 所谓**
【题解】A项"相对"可以表示性质上相互对立,也可以表示随着条件变化而变化;B项"相似"表示彼此有相同点;C项"神秘"表示使人捉摸不透;D项"所谓"表示所说的,多用于提出需要解释的词语,接着加以解释。根据下文,都是在解释什么是自我认知,因此本题选择D项。

57—60.

　　无论是过年过节,还是结婚嫁娶、进学升职,以至大楼落成、商店开张等等,只要为了表示喜庆,人们都习惯放鞭炮来____57____。春节放鞭炮,作为中国人欢度春节的习俗,历史悠久。这种活动,虽然可以给节日增加不少欢乐的气氛,但放鞭炮释放的烟尘以及火星,很容易____58____环境污染,引起火灾,一些烈性鞭炮每年都会导致人员死伤。随着____59____,春节放鞭炮这种习俗带来的不便之处,已引起各界的重视。因此中国许多城市都____60____了烟花爆竹的燃放规定,到现在仍未解除。

57. **A 庆祝** B 确认 C 称赞 D 欣赏
【题解】A项"庆祝"指为共同的喜事进行一些活动表示高兴或纪念;B项"确认"表示确定认可原则、事实等;C项"称赞"表示用言语表达对人或事物优点的喜爱;D项"欣赏"表示享受美好的事物,领略情趣。根据文章中列举的"无论是过年过节,还是结婚嫁娶、进学升职,以至大楼落成、商店开张"都是喜事,而放鞭炮也是为了喜庆,因此本题选择A项。

58. A 实现 B 发展 **C 造成** D 达到
【题解】A项"实现"表示使成为事实,宾语多是希望成为事实的理想、梦想等;B项"发展"表示事物由小到大、由简单到复杂、由低级到高级的变化;C项"造成"的宾语通常都是不好的结果;D项"达到"表示到,宾语多是抽象事物或某种程度。根据文章,放鞭炮是原因,而环境污染、火灾等都是不好的结果,只有C项"造成"强调不好的,因此本题选择C项。

59. A 消费水平的提高
　　B 国家人口的增多
　　C 经济条件的改变
　　D 社会文明的进步
【题解】根据文章,放鞭炮有很多问题,现在人们开始关注春节放鞭炮这种习俗带来的不便之处,关注这个问题跟国家人口的数量无关,B项不正确;经济条件改变会影响消费水平,A项和C项是相关的,而且人们的消费水平提高了说明人们有更多的钱买鞭炮了,这和文章的意思不符,因此排除A项、C项。春节放鞭炮是中国的习俗,有很长的历史,但是现在人们开始重视这种习俗带来的问题,说明社会进步了。本题选择D项。

60. **A 制定**　B 采取　C 允许　D 赞成
【题解】A项"制定"表示定出法律、规定、政策等;B项"采取"表示选择施行某种方针、政策、态度等;C项"允许"表示许可、同意;D项"赞成"表示同意别人的主张或行为。根据文章,很多城市都有这样的规定,不是同意别人的主张,排除D项;C项"允许"的宾语多是动词短语,"允许规定"的搭配不合适,C项不正确;A项"制定"强调从无到有定出来,B项"采取"强调在已有的规定中选择实施,因为以前并没有这样的规定,所以本题选择A项。

第二部分

第61—70题:请选出与试题内容一致的一项。

61.

京杭大运河,是世界上里程最长、工程最大、最古老的运河之一。大运河北起北京,南到杭州,途经六省市,沟通了五大水系,全长约1794千米。现在京杭运河的通航里程为1442千米,其中全年通航里程为877千米,主要分布在黄河以南的山东、江苏和浙江三省,是中国仅次于长江的第二条"黄金水道"。

A 京杭大运河通航里程为1794千米

B 京杭大运河是世界上最古老的运河

C 长江和京杭大运河是中国的两条黄金水道

D 京杭大运河主要分布在山东、江苏、浙江三省

【题解】京杭大运河全长1794千米,但是现在通航里程是1442千米,A项不正确;京杭大运河是最古老的运河之一,B项不正确;京杭大运河是中国仅次于长江的第二条黄金水道,也就是说中国有两条黄金水道——长江第一,京杭大运河第二,C项正确;现在京杭大运河全年通航的部分主要分布在黄河以南的山东、江苏和浙江三省,D项不正确。

62.

豆汁是用制造绿豆淀粉或粉丝的下脚料做成的北京的风味小吃。豆汁历史悠久,据说早在宋朝时就是民间大众化食品。豆汁一般味酸,略苦,有轻微的酸臭味,老北京人对它有特殊的偏爱。过去卖豆汁的分售生和售熟两种。售生者多以手推木桶车,同麻豆腐一起卖;售熟者多以肩挑一头是豆汁锅,另一头摆着焦圈、辣咸菜。

A 豆汁是用上等绿豆做的小吃

B 有的人特别喜欢豆汁的酸臭味

C 豆汁在宋朝是民间大众化食品

D 卖豆汁的人也卖麻豆腐、焦圈和辣咸菜

【题解】豆汁是用制造绿豆淀粉或粉丝的下脚料做的,不是用好绿豆做的,A项不正确;老北京人对豆汁的酸臭味有特殊的偏爱,说明有的人特别喜欢这种味道,B项正确;据说豆汁在宋朝是民间大众化食品,不是历史,C项不正确;过去,卖豆汁的分两种,卖生豆汁的也卖麻豆腐,卖熟豆汁的还卖焦圈和辣咸菜,D项不正确。

63.

> 所谓"月饼税",只是一种民间说法。从本质上说,它属于工资所得税。据《个人所得税法》规定,个人因任职或者受雇佣而取得的工资、奖金、劳动分红、补贴等等都是工资所得。个人所得的形式,包括现金、实物、有价证券等。照此规定,中秋节单位发的月饼属于实物福利,都应计入工资收税。

A 月饼税是工资所得税的民间说法
B 月饼税是《个人所得税法》规定的
C 中秋节单位发放的月饼属于个人所得
D 工资所得就是工资、奖金、劳动分红和补贴

【题解】"月饼税"属于工资所得税,A项不正确;《个人所得税法》没有明确规定"月饼税",B项不正确;个人所得包括现金、实物、有价证券等,月饼是实物,所以中秋节单位发放的月饼就属于个人所得,C项正确;"工资、奖金、劳动分红、补贴等等都是工资所得","等等"说明工资所得还包括其他部分,D项不正确。

64.

> "秦淮灯彩甲天下",秦淮灯会的历史最早始于魏晋南北朝时期,唐朝得到迅速发展,明朝达到了鼎盛。明朝皇帝朱元璋将每年元宵节张灯时间延长至十夜,使秦淮灯会成为了我国历史上时间最长的灯节。1986年,南京恢复举办了一年一届的"秦淮灯会"。

A 秦淮灯会始于魏晋南北朝,结束于明朝
B 明朝皇帝朱元璋对秦淮灯会进行了改革
C 秦淮灯会是中国历史上时间最长的灯节
D 1986年,南京开始举办新的"秦淮灯会"

【题解】秦淮灯会的历史始于魏晋南北朝,明朝是最繁荣的时期,文中没有说结束的时间,A项不正确;明朝皇帝朱元璋将元宵节张灯延长至十夜,就是说做了一些改革,B项正确;改革后秦淮灯会成了中国历史上时间最长的灯节,不是一直是,C项不正确;1986年南京恢复举办秦淮灯会,"恢复"说明不是新的,D项不正确。

65.

> 十大才子书的首创者是清朝初年文学大家、被胡适称为中国文学批评史上第一人的金圣叹。"十大才子书"将小说、戏曲,乃至弹词、歌本等民间文化提升到与唐诗宋词乃至经史子集等士大夫文化相提并论的地位,大大地提升了民

间文化的价值,并且意味着一种文学流派的形成。

A 十大才子书是小说和戏曲
B 十大才子书是一种新的文学流派
C 十大才子书是清朝文学家金圣叹提出的
D 金圣叹认为民间文化比唐诗宋词有价值

【题解】十大才子书包括小说、戏曲、弹词、歌本等,A项不正确;提出"十大才子书"这个说法意味着一种文学流派的形成,但"十大才子书"不是文学流派,B项不正确;十大才子书的首创者是金圣叹,就是说这个说法是金圣叹提出的,C项正确;金圣叹关于"十大才子说"的说法提升了民间文化的地位,但没有说民间文化比唐诗宋词更有价值,D项不正确。

A "世界保健日"是1946年确定的
B 确定"世界保健日"的目的是提高人民的健康水平
C "世界保健日"是通过《世界卫生组织组织法》确定的
D 世界卫生组织会员国会在"世界保健日"举行纪念活动

【题解】"世界保健日"是第一届世界卫生大会决定的,第二届世界卫生大会又决定自1950年起正式确定"世界保健日"的时间,A项不正确;确定"世界保健日"是为了纪念《世界卫生组织组织法》批准日,B项不正确;"世界保健日"是世界卫生大会确定的,跟《世界卫生组织组织法》没有关系,C项不正确;"世界保健日"期间世界卫生组织会员国会举行纪念活动,说明在"世界保健日"当天有活动,D项正确。

66.

　　1946年7月22日世界卫生大会通过了《世界卫生组织组织法》。为了纪念该法批准日,第一届世界卫生大会决定,每年10月13日为"世界保健日",第二届世界卫生大会决定自1950年起正式确定每年10月13日为"世界保健日"。"世界保健日"期间,包括中国在内的世界卫生组织各会员国,都举行纪念活动,推广和普及有关健康知识,以提高人民健康水平。

67.

　　海草房可以说是世界上最具有代表性的生态民居之一,以石为墙,海草为顶,仿佛是童话世界中的房子。海草房具有冬暖夏凉、不漏不潮的特点,主要分布在我国胶东半岛的威海、烟台、青岛等沿海地带,特别是荣成地区更为集中。在荣成港西镇巍巍村尚保存二十多幢有两百多年历史的海草房。

A 海草房有两百多年的历史
B 海草房主要分布在沿海地带

C 海草房是一种有代表性的生态民居

D 海草房具有夏暖冬凉的特点

【题解】荣成港西镇巍巍村保存的二十多幢海草房有两百多年历史,海草房的历史更长,A 项不正确;海草房主要分布在胶东半岛的威海、烟台、青岛等沿海地带,不是分布在所有的沿海地带,B 项不正确;海草房是世界上最具有代表性的生态民居之一,C 项正确;海草房具有冬暖夏凉的特点,不是夏暖冬凉,D 项不正确。

68.

> 中医药的五行学说中认为苦入心,只要你含入一小片穿心莲叶子,马上可以感受到入心的苦,穿心莲因此得名。穿心莲具有清热解毒、消肿止痛的作用。可用于治疗流行性感冒、外伤感染及各种炎症。穿心莲主产于广东、福建等省,适宜生长在温暖、湿润、阳光充足的环境中。

A 穿心莲的名字和味道有关

B 穿心莲只产于中国的广东、福建

C 穿心莲具有清热解毒、健胃消食的作用。

D 穿心莲是一种喜阴的植物

【题解】含入一小片穿心莲叶子就可以感受到入心的苦,这是穿心莲得名的原因,就是说穿心莲的名字和苦味有关,A 项正确;穿心莲主产于广东、福建,别的地区也有,B 项不正确;穿心莲没有健胃消食的作用,C 项不正确;穿心莲喜欢阳光充足的环境,D 项不正确。

69.

> 《交换空间》是经济频道的一档服务类节目。在每一期节目中,都将会有两个家庭提供自己房屋中的某一房间,在装修团队的帮助下,互换空间进行装修。装修时间为 48 小时,节目提供 10000 元装修基金,8000 元家电基金。如何在规定时间及有限预算内完成装修任务是节目最大的看点。

A 《交换空间》是生活频道的一档服务类节目

B 两个家庭会提供需要装修的房间和装修基金

C 装修时间是有限的,但是预算是可以调整的

D 两个家庭在装修团队的帮助下装修对方的房间

【题解】《交换空间》是经济频道的节目,A 项不正确;两个家庭提供需要装修的房间,装修基金和家电基金是节目提供的,B 项不正确;时间和预算都是有限的,C 项不正确;两个家庭互换空间进行装修就是"你装修我的房子,我装修你的房子",他们装修的是对方的房子,D 项正确。

70.

> 与模拟电视相比,数字电视具有图像质量高、节目容量大和伴音效果好的特点。数字电视系统还可以传送多种业务,如高清晰度电视、互动电视、数据业务等等。中国大陆于近年来大力推行由模拟信号向数字信号的转换,并计划于2015年前关闭模拟信号。

A 使用数字电视系统需要换数字电视机
B 数字电视和模拟电视都可以传送多种业务
C 数字电视的图像和伴音效果都比模拟电视好
D 2015年前一定会关闭模拟电视信号

【题解】模拟电视和数字电视都是说信号,没有数字电视机这样的产品,A项不正确;只有数字电视可以传送多种业务,B项不正确;和模拟电视相比,数字电视有图像质量高,伴音效果好的特点,就是说数字电视比模拟电视好,C项正确;在2015年前关闭模拟信号只是计划,能不能成功不一定,D项不正确。

第三部分

第71—90题：请选出正确答案。

71—75．

　　(71)一个图书馆老馆年久失修，就又建了一个新馆。新馆建成后，要把老馆的书搬到新馆去。这本来是搬家公司的活儿，没什么好策划的。(72)问题是按预算搬家需要350万，图书馆拿不出这么多钱。眼看雨季就要到了，不马上搬家，这损失就大了。怎么办？

　　正当馆长苦恼的时候，一个馆员问馆长苦恼什么？馆长把情况给这个馆员介绍了一下。几天之后，馆员找到馆长，告诉馆长他有一个解决方案，只需要150万元。馆长十分高兴，因为图书馆有能力支付这些钱。

　　"快说出来。"馆长很着急。馆员说："好主意也是商品，我有一个条件。"

　　"什么条件？"馆长更着急了。"如果把150万全花完了，那权当我给图书馆作贡献了；如果有剩余，图书馆把剩余的钱给我。""那有什么问题？150万以内剩余的钱都给你。"馆长很坚定地说。

　　"那咱们签订个合同？"馆员意识到发财的机会来了。

　　合同签订了，不久实施了馆员的新搬家方案。花150万？(73)连零头都没用完，就把图书馆给搬了。原来，图书馆在报纸上发出了一条惊人的消息：(74)从即日起，本图书馆免费、无限量向市民借阅图书，条件是从老馆借出，还到新馆去……

71．建新图书馆是因为老馆：
　　A 非常破旧　　B 面积太小
　　C 想重新装修　　D 离市区太远

【题解】在文中，没有提到图书馆面积大小和坐落在哪儿的问题，因此B和D是错误的。根据文中内容可知，又建了一个新的图书馆是因为老图书馆"年久失修"，由此推断，老馆时间太长，非常破旧，并没有打算重新装修，因此C是错误的。正确答案是A。

72．馆长为什么事情苦恼？
　　A 找不到搬家公司
　　B 建新馆花钱太多
　　C 搬家费用超出预算
　　D 馆内的书需要清理

【题解】因为雨季快要到了，必须要把所有的书都搬到新馆去，不然损失就会很大，但搬书的费用需要350万，图书馆拿不出这么多钱来，这是让馆长非常苦恼的事情，所以正确答案是C。

73. 馆员大概用了多少钱?

　　A 不到50万　　B 100万
　　C 150万　　　D 350万

【题解】馆员向馆长提出自己需要用150万元就可以把书全部搬走,但实际上,他"连零头都没用完,就把图书馆给搬了",150万元的零头即为50万元,既然说"连零头都没用完",也就是说他用了不到50万元就解决了这件事。正确答案是A。

74. 谁把书搬到新馆去的?

　　A 馆员　　　　B 借书人
　　C 搬家工人　　D 新招聘员工

【题解】根据馆员在报纸上登的广告可知,他是让市民从老馆借书,免费阅读后再还到新馆去,这样就完成了把书搬到新馆的过程,由此推断,书是这些借书的人搬到新图书馆去的。正确答案为B。

75. 根据这篇文章,可以知道这个馆员：

　　A 非常聪明　　B 有些天真
　　C 诚实守信　　D 工作努力

【题解】馆员借市民的手,巧妙地把老图书馆里的书搬到了新馆去,不仅解决了图书馆的难题,还为自己挣了一大笔钱,他是一个非常聪明的人。正确答案是A。

76—80.

　　记得有一次去我家附近的菜市场买菜,(76)市场中有个卖菜的中年人看见走到他面前的人就微笑,笑得让人觉得不买他的菜就欠了他的人情似的。于是我在他那儿买了几个西红柿。"四块。"他说。(77)我交给他一张百元纸币。"找不开啊,小兄弟,这样吧,您先拿去,明天再给我钱,好吗?"我想了一下,说:"还是不买吧,我明天早晨要回老家一次,要四五天呢。"他笑了笑:"没事没事,只要你记得,一星期也可以。"于是,我坦然地把那几个西红柿拿回了家。当然,我走的时候也带走了那个人的微笑。五天后,我在众多的卖菜人中间找到了他,他一见我仍然是那样微笑,"买点儿什么?"却并不提钱的事。我选了几根黄瓜,连那天的西红柿钱算在一起,给了他七块钱,他照样笑着,"你很讲信用啊!"我说:"是你先信任我。"彼此道了再见,转身走在乱糟糟的菜市场中,忽然发现自己心情真的很好。这件事告诉我们,诚信做人,首先要先站在别人的立场上为别人考虑,他人才以诚信来对待我们。

76. 我选择中年人的菜是因为：

　　A 他的菜很新鲜
　　B 价格非常便宜

C 服务态度很好

D 我以前认识他

【题解】我选择买中年人的西红柿是因为他"看见走到他面前的人就微笑,笑得让人觉得不买他的菜就欠了他的人情似的",是因为中年人的这种服务态度让我选择了他。正确答案是C。

77. 我为什么又不打算买西红柿了?

A 没有零钱　　B 家里还有

C 觉得不好吃　D 想买其他菜

【题解】我买了四块钱的西红柿,但却没有零钱,给了中年人一百块钱,他也找不开,所以才不想买西红柿了。正确答案是A。

78. 我买了多少钱的黄瓜?

A 三块　B 四块　C 五块　D 七块

【题解】我几天前买了中年人四块钱的西红柿,和这次的黄瓜在一起一共是七块钱,由此可知,黄瓜是三块钱。正确答案是A。

79. 我的心情很好是因为:

A 今天可以休息

B 买了爱吃的菜

C 买菜人没问我要钱

D 得到了他人的信任

【题解】因为买西红柿的时候没有零钱,中年人让我下次再给,哪怕是我几天后从老家回来的时候也可以,这充分说明了中年人对我的信任,他没有担心我拿走菜却不再来给他送钱,我的心情好是因为中年人相信我。正确答案是D。

80. 可以替换最后一段中的"立场"的词语是:

A 态度　B 角度　C 地位　D 方向

【题解】此处的"立场"是指要换个角度看问题,与态度、地位、方向没有关系。正确答案是B。

81—85.

一家电器公司计划招聘一批基层管理人员,采取笔试和面试相结合的方法。(81)原计划招十人,结果有上百人应聘。经过一周的考试和面试之后,通过电脑计分,选出了十位优胜者,当经理将录取者一个个过目时,发现有一位特别出色、面试时给他留下了深刻印象的年轻人未在十人之列。于是经理当即叫人复查考试情况。(82)结果发现,年轻人的综合成绩名列第二,只因电脑出了毛病,把分数和名次排错了,导致他落选。经理立即叫人改正错误,给这个年轻人发录用通知书。第二天,公司派人转告经理一个惊人的消息:(83)年轻人因没有被录取而跳楼自杀,录取通知书送到之时,他已不在了。听到了这个消息,经理沉默了好长时间。一位助手在旁边自言自语:"多可惜,这是一位有才干的青年,我们没有录取他。"经理摇了摇头说:"不,幸亏我们没有录用他,(84)意志如此不坚强之人是干不成大事的。"

通过上面这个故事,我们知道,人生当中不如意的事十有八九,因为求职未被录取而选择放弃生命,这种做法不值得叫好。大家也听说过,因为高考未中而自杀之人也有很多。这些人不懂得,要想成功必须意志坚强。当我们看到鲜花和荣誉环绕的成功人士时,不要只认为这些是因为他们的机遇与环境好,应当牢记:(85)意志是成功的基础。

81. 这次招聘:

A 有年龄限制　B 竞争很激烈
C 面向大学生　D 用了十天时间

【题解】文中没有提到招聘要求,所以有无年龄限制和是否只面向大学生是不正确的,A 和 C 排除;考试和面试用了一周的时间,并不是十天,D 项排除;根据文中"原计划招十人,结果有上百人应聘"可以知道,太多的人都想要得到这份工作,竞争十分激烈。正确答案是 B。

82. 年轻人为什么落选?

A 没有管理经验
B 没有参加复试

C 公司出现错误
D 考试时没发挥好

【题解】因为电脑出了毛病,把分数和名次排错了,才导致那个引起经理注意的年轻人落选,因此正确答案是 C 项。

83. 年轻人选择:

A 出去旅游散心
B 离开这个世界
C 去别的公司应聘
D 到学校继续学习

【题解】当公司发现自己的失误,改正错误,给年轻人发录取通知书的时候,才得知,年轻人因为经受不起落选的打击,选择了跳楼自杀,结束了自己的生命,离开了这个世界。正确答案是 B。

84. 经理认为年轻人:

A 太软弱　　B 没能力
C 很独立　　D 不听话

【题解】经理的助手得知年轻人自杀的消息时很自责,认为是自己的失误导致年轻人的轻生,也从而使公司失去了一个人才,但经理却认为年轻人的心理承受能力太差,意志不坚强,仅是应聘落选就会选择轻生,太软弱。正确答案是 A。

85. 这段文字主要是想告诉我们:

A 犯错误后要敢于承认
B 意志坚强者才能成大事
C 大胆尝试可以争取机会

D 挑战困难就会得到收获

【题解】通过最后的话"意志是成功的基础"可以知道,无论遇到什么挫折与困难,我们都要意志坚强,勇敢面对,否则就会如文中的年轻人一样,放弃了生命也就是放弃了所有。正确答案是B。

86—90.

据统计,每年有数以万计的女性在跑步机上锻炼,然而,(86)数个月后就选择放弃,她们的体型当然也没有任何改善,之前许多个小时的锻炼全都白费心机。运动专家指出,(87)大部分人以为跑得越多,就能减得越多,这确实是个正确的说法。不过,这一结论成立有个前提。

跑步是最有效的减肥方式,以舒适的速度跑动一分钟,就能燃烧8.5卡路里的热量。然而,(88)专家指出,问题在于当你的跑步距离越长,你的身体效率就会提升到更高的水平,这样你跑步时减少的热量就将随之降低。

换句话说,跑步初期你的体重会降低很快,然而,随着时间深入,你的身体会适应这种运动状态,这时候你的锻炼结果就会停止不前。不仅如此,长年累月顺着相同的路跑步,可能引发伤病,例如带来腿关节问题,(89)长久的重复锻炼,还

可能影响运动热情,最终会导致不少人放弃运动。

一位健身教练制定了一个让你跑得更少、却能减肥更多的运动方案,其原理就是在更短时间内进行强度更大的跑步。(90)按照这个计划,一周仍然需要跑五天,但每天的运动量不用超过二十分钟。

86. 根据本文内容,大部分女性在跑步机上锻炼都:

A 可以改变体形

B 能够增加自信

C 无法长期坚持

D 需要专家指导

【题解】根据文中"每年有数以万计的女性在跑步机上锻炼,然而,数个月后就选择放弃"可以知道,大多数女性在跑步机上锻炼都坚持不了多长时间。正确答案是C。

87. 大部分人认为要想成功减肥就要:

A 加大运动量　B 控制好饮食

C、不喝甜饮料　D 增加工作强度

【题解】大部分人都认为"跑得越多,就能减得越多",由此可知,许多人都认为想要减肥就必须加大运动量。正确答案是A。

88. 关于跑步,专家是怎么认为的?

A 需要专业场地

B 要在早上进行

C 时间不要太长

D 每天都要坚持

【题解】根据"专家指出,问题在于当你的跑步距离越长,你的身体效率就会提升到更高的水平,这样你跑步时减少的热量就将随之降低"可以知道,专家认为跑步时间不宜太长。正确答案是C。

89. 什么导致不少人放弃运动?

A 失去兴趣　　B 工作太忙

C 费用很高　　D 没人指导

【题解】根据文中"长久的重复锻炼,还可能影响运动热情,最终会导致不少人放弃运动"可以知道,让大多数人放弃运动的主要原因是失去了热情,没有了锻炼的兴趣。正确答案是A。

90. 按照健身教练的运动方案,每周的运动时间:

A 越多越好

B 在两小时以上

C 不超过二十分钟

D 在一个半小时左右

【题解】健身教练建议"一周仍然需要跑五天,但每天的运动量不用超过二十分钟"按照这个方案,每周要运动一百分钟,也就是一个小时四十分钟,在四个选项中,只有D项与这个时间相吻合。正确答案是D。